essentials

essentials liefern aktuelles Wissen in konzentrierter Form. Die Essenz dessen, worauf es als „State-of-the-Art" in der gegenwärtigen Fachdiskussion oder in der Praxis ankommt. *essentials* informieren schnell, unkompliziert und verständlich

- als Einführung in ein aktuelles Thema aus Ihrem Fachgebiet
- als Einstieg in ein für Sie noch unbekanntes Themenfeld
- als Einblick, um zum Thema mitreden zu können

Die Bücher in elektronischer und gedruckter Form bringen das Expertenwissen von Springer-Fachautoren kompakt zur Darstellung. Sie sind besonders für die Nutzung als eBook auf Tablet-PCs, eBook-Readern und Smartphones geeignet. *essentials:* Wissensbausteine aus den Wirtschafts-, Sozial- und Geisteswissenschaften, aus Technik und Naturwissenschaften sowie aus Medizin, Psychologie und Gesundheitsberufen. Von renommierten Autoren aller Springer-Verlagsmarken.

Weitere Bände in der Reihe http://www.springer.com/series/13088

Michael Adelmeyer · Christopher Petrick
Frank Teuteberg

IT-Risikomanagement von Cloud-Services in Kritischen Infrastrukturen

HMD Best Paper Award 2017

Mit einem Geleitwort von
Prof. Dr. Matthias Knoll

Springer Vieweg

Michael Adelmeyer
Osnabrück, Deutschland

Frank Teuteberg
Osnabrück, Deutschland

Christopher Petrick
Osnabrück, Deutschland

Das essential ist eine überarbeitete und erweiterte Version des Artikels: Adelmeyer, Petrick, Teuteberg (2017). IT-Risikomanagement von Cloud-Dienstleistungen im Kontext des IT-Sicherheitsgesetzes. HMD – Praxis der Wirtschaftsinformatik 54 (1), S. 111–123 sowie Adelmeyer, Petrick, Teuteberg (2018) Cloud-Services in Kritischen Infrastrukturen – Anforderungen und IT-Risikomanagement, in: Edition HMD, Cloud Computing – Die Infrastruktur der Digitalisierung, Reinheimer, S. (Hrsg.), S. 199–214.

ISSN 2197-6708   ISSN 2197-6716   (electronic)
essentials
ISBN 978-3-658-22741-8   ISBN 978-3-658-22742-5   (eBook)
https://doi.org/10.1007/978-3-658-22742-5

Die Deutsche Nationalbibliothek verzeichnet diese Publikation in der Deutschen Nationalbibliografie; detaillierte bibliografische Daten sind im Internet über http://dnb.d-nb.de abrufbar.

Was Sie in diesem *essential* finden können

- Eine Einführung in das Cloud Computing und das IT-Sicherheitsgesetz
- Einen Anforderungskatalog für Cloud-Services zur Sicherstellung der Compliance mit dem IT-Sicherheitsgesetz
- Grundlagen des Risikomanagements von Cloud-Services vor dem Hintergrund des IT-Sicherheitsgesetzes
- Bewertung von Szenarien und Rollen von Cloud-Services im Kontext Kritischer Infrastrukturen
- Handlungsempfehlungen für Cloud-Nutzer und Cloud-Dienstleister

Geleitwort

Der prämierte Beitrag

Die Digitalisierung der Wirtschaft und des Privaten schreitet seit einigen Jahren stetig voran und ist daher vielleicht nicht immer und überall gleich stark erkennbar. Doch die Folgen dieser Digitalisierung sind weitreichend. Selbst in Branchen und an Orten, an denen man es weniger vermuten würde, entstanden und entstehen neue Geschäftsmodelle oder gar neue Unternehmen. Kundenbindung wird – etwa durch Dienstleistungen großer E-Commerce-Unternehmen wie beispielsweise die Abo-Modelle für E-Books, Musik und Filme, oder durch neuartige Angebote wie beispielsweise eine vorausschauende Wartung im Maschinen- und Anlagensektor – neu definiert.

In gleichem Maß ändern sich unsere Nutzungsgewohnheiten digitaler Technologien und ihrer „Produkte". An der einen Stelle schneller, etwa bei Smartphones oder den sogenannten Wearables wie Fitness-Tracker, vielleicht auch, weil der Druck des sozialen Umfeldes uns dazu zu zwingen scheint. An anderer Stelle langsamer, etwa bei Smart Home, das aufgrund (zu) vieler konkurrierender Standards und verschiedener technischer Implikationen nur zögerlich in Privathaushalte Einzug hält.

Doch der Trend zu immer mehr IT, zu einer internetbasierten allumfassenden Vernetzung von Menschen und Maschinen und damit zu einer nicht nur gefühlt unaufhaltsam, gar exponentiell weiterwachsenden Abhängigkeit von der IT ist unumkehrbar. Das Interessante und Beunruhigende zugleich: Sektoren, die bislang eher weniger betroffen waren, sind längst mit dabei.

Einige Beispiele: Die Energiewende führt zu einer Dezentralisierung der Stromnetze und damit zu neuen Regelungs- und Lastverteilmechanismen, die nur mit IT-Unterstützung realisiert werden können. Aus dem Bahn- und Flugverkehr ist IT ebenfalls nicht mehr wegzudenken. Der Straßenverkehr in großen

Städten, die Wasserversorgung und andere Infrastruktur-Dienstleistungen werden mittlerweile durch spezielle Anwendungen zentral gesteuert. In Krankenhäusern und Arztpraxen fließen hochsensible Patienten- und Diagnosedaten durch das Netzwerk, sind praktisch alle Geräte aus den medizinischen Bereichen miteinander und wie selbstverständlich auch mit den Systemen der Verwaltung vernetzt. Selbst in der Ernährungsbranche, etwa in der Produktion von Nahrungsmitteln, ist ein stark zunehmender IT-Einsatz zu beobachten.

Diese Beispiele haben eine Gemeinsamkeit: Sie sind wesentlicher Bestandteil unseres Gemeinwesens, erfüllen eine öffentliche Aufgabe und tragen zu Sicherheit und Wohlstand in unserer Gesellschaft bei.

Der IT-Einsatz verspricht hierbei eine interessante neue Zukunft, in der die Möglichkeiten für Unternehmen und Bürger vielfältiger sein werden. Doch ist das wirklich so? Allzu gerne werden bei solchen Szenarien mögliche Risiken in den Hintergrund gedrängt. Denn Risiken sind „Spielverderber".

Aus diesem Grund hat die Bundesregierung für acht zentrale Sektoren (Energie, IT und Telekommunikation, Transport und Verkehr, Gesundheit, Wasser, Ernährung sowie Finanzen und Versicherungen) in enger Zusammenarbeit mit Behörden, insbesondere dem Bundesamt für Sicherheit in der Informationstechnik, den Begriff „Kritische Infrastruktur" definiert. Für Aufbau und Betrieb solcher Kritischen Infrastrukturen gelten besondere Regeln, die der deutsche Gesetzgeber mit dem IT-Sicherheitsgesetz (IT-SiG) im Sinne einer Stärkung der IT-Sicherheit in diesem Bereich festgelegt hat. Als Artikelgesetz erweitert es bestehende Gesetze wie etwa das Gesetz über das Bundesamt für Sicherheit in der Informationstechnik (BSIG), das Atomgesetz (AtG), das Energiewirtschaftsgesetz (EnWG), das Telekommunikationsgesetz (TKG) und weitere Gesetze. Zudem beziehen sich zahlreiche nachgeordnete Vorgaben auf das IT-Sicherheitsgesetz.

Parallel zu diesen Entwicklungen hat sich in den letzten Jahren der Einsatz von Cloud-Technologien und -Lösungen außerhalb Kritischer Infrastrukturen als „State-of-the-Art" oder „Best Practice" etabliert. Anfängliche Probleme wurden gelöst, viele Unternehmen aus allen Branchen vertrauen auch für teilweise unternehmenskritische Anwendungen auf die flexible und leicht skalierbare und häufig auch kostenseitig attraktive Möglichkeit, IT-Services aus der Cloud zu nutzen.

Als „Sonderform" des Outsourcings erbt Cloud Computing die damit verbundenen typischen Risiken. Einige neue Risiken kommen hinzu, etwa die deutlich größere Anonymität in der Geschäftsbeziehung und die damit verbundenen Unsicherheiten hinsichtlich der exakten Konfiguration, des genauen Ortes der Verarbeitung oder Speicherung von Daten oder der Beschränkung im Customizing sowie der Einhaltung von fachlichen und technischen Vorgaben und Standards.

Vielfach können diese Risiken akzeptiert werden, denn die Folgen bei Risikoeintritt beschränken sich auf das betroffene Unternehmen, dessen Angebote und dessen Kunden.

Anders sieht es in Unternehmen aus, die zur Kritischen Infrastruktur gehören. Der Einsatz von Cloud-Services im Umfeld Kritischer Infrastrukturen (KRITIS) stellt an alle Beteiligten besondere Anforderungen. Denn die Auswirkungen von Risiken können hier weitaus dramatischer sein, bis hin zu gesundheitlichen Beeinträchtigungen oder gar lebensbedrohlichen Situationen. Hier sollte also nicht „eben mal" ein Cloud-Service hinzugebucht und unreflektiert genutzt werden.

Das vorliegende *essential* greift diese Fragestellungen umfassend auf. Es geht auf einen Beitrag aus der Schwerpunktausgabe 313 der Zeitschrift HMD – Praxis der Wirtschaftsinformatik zum Thema „IT-Risikomanagement" sowie auf einen Beitrag aus der Fachbuchreihe Edition HMD zum Thema „Cloud Computing" zurück. Der Originalbeitrag aus der HMD 313 zählte zu den drei Gewinnern des HMD Award 2017 und erschien nicht nur aus diesem Grund in besonderer Weise für ein *essential* geeignet.

Der Beitrag enthält neben einer leicht verständlichen theoretischen Einführung des Cloud Computings, des IT-Sicherheitsgesetzes und des IT-Risikomanagements im Cloud-Kontext einen strukturiert aufgebauten Anforderungskatalog für Cloud-Services unter dem Gesichtspunkt der Sicherstellung der Compliance mit dem IT-Sicherheitsgesetz.

Den Hauptteil des Beitrags bilden eine Bewertung von Szenarien und der Position und Bedeutung von Cloud-Services im Kontext Kritischer Infrastrukturen sowie konkrete Handlungsempfehlungen für Cloud-Nutzer und Cloud-Dienstleister, vielfach als direkt verwertbare Tipps und Hinweise in Checklistenform. Er hilft damit einerseits den Unternehmen im KRITIS-Sektor bei der Entscheidung für oder gegen solche Lösungen und im Alltag mit ihnen, andererseits enthält er wertvolle Hinweise für Betreiber von Cloud-Lösungen für die KRITIS-Sektoren.

Die HMD – Praxis der Wirtschaftsinformatik und der HMD Best Paper Award

Alle HMD-Beiträge basieren auf einem Transfer wissenschaftlicher Erkenntnisse in die Praxis der Wirtschaftsinformatik. Umfassendere Themenbereiche werden in HMD-Heften aus verschiedenen Blickwinkeln betrachtet, sodass in jedem Heft sowohl Wissenschaftler als auch Praktiker zu einem aktuellen Schwerpunktthema zu Wort kommen. Den verschiedenen Facetten eines Schwerpunktthemas geht ein Grundlagenbeitrag zum State of the Art des Themenbereichs voraus. Damit liefert die HMD IT-Fach- und Führungskräften Lösungsideen für ihre Probleme, zeigt ihnen Umsetzungsmöglichkeiten auf und informiert sie über Neues in der

Wirtschaftsinformatik. Studierende und Lehrende der Wirtschaftsinformatik erfahren zudem, welche Themen in der Praxis ihres Faches Herausforderungen darstellen und aktuell diskutiert werden.

Wir wollen unseren Lesern und auch solchen, die HMD noch nicht kennen, mit dem „HMD Best Paper Award" eine kleine Sammlung an Beiträgen an die Hand geben, die wir für besonders lesenswert halten, und den Autoren, denen wir diese Beiträge zu verdanken haben, damit zugleich unsere Anerkennung zeigen. Mit dem „HMD Best Paper Award" werden alljährlich die drei besten Beiträge eines Jahrgangs der Zeitschrift „HMD – Praxis der Wirtschaftsinformatik" gewürdigt. Die Auswahl der Beiträge erfolgt durch das HMD-Herausgebergremium und orientiert sich an folgenden Kriterien:

- Zielgruppenadressierung
- Handlungsorientierung und Nachhaltigkeit
- Originalität und Neuigkeitsgehalt
- Erkennbarer Beitrag zum Erkenntnisfortschritt
- Nachvollziehbarkeit und Überzeugungskraft
- Sprachliche Lesbarkeit und Lebendigkeit

Alle drei prämierten Beiträge haben sich in mehreren Kriterien von den anderen Beiträgen abgesetzt und verdienen daher besondere Aufmerksamkeit. Neben dem Beitrag von Michael Adelmeyer, Christopher Petrick und Frank Teuteberg wurden ausgezeichnet:

- B. Spottke: Was Unternehmen von der Videospielindustrie für die Gestaltung der Digital Customer Experience lernen können. HMD – Praxis der Wirtschaftsinformatik 54 (2017), 317, S. 727–740.
- S. Rohmann, M. Schumann: Best Practices für die Mitarbeiter-Partizipation in der Produktentwicklung. HMD – Praxis der Wirtschaftsinformatik 54 (2017), 316, S. 575–590.

Die HMD ist vor mehr als 50 Jahren erstmals erschienen: Im Oktober 1964 wurde das Grundwerk der ursprünglichen Loseblattsammlung unter dem Namen „Handbuch der maschinellen Datenverarbeitung" ausgeliefert. Seit 1998 lautet der Titel der Zeitschrift unter Beibehaltung des bekannten HMD-Logos „Praxis der Wirtschaftsinformatik", seit Januar 2014 erscheint sie bei Springer Vieweg. Verlag und HMD-Herausgeber haben sich zum Ziel gesetzt, die Qualität von HMD-Heften und -Beiträgen stetig weiter zu verbessern. Jeder Beitrag wird dazu nach Einreichung doppelt begutachtet: Vom zuständigen HMD- oder

Gastherausgeber (Herausgebergutachten) und von mindestens einem weiteren Experten, der anonym begutachtet (Blindgutachten). Nach Überarbeitung durch die Beitragsautoren prüft der betreuende Herausgeber die Einhaltung der Gutachtervorgaben und entscheidet auf dieser Basis über Annahme oder Ablehnung.

Es ist mir als betreuendem Herausgeber der Heftes 313 der Zeitschrift HMD – Praxis der Wirtschaftsinformatik eine große Freude, in diesen nunmehr stark erweiterten und nochmals inhaltlich überarbeiteten Beitrag einführen zu dürfen. Mein herzlicher Dank gilt dem Autorenteam, das sich sofort für eine Ausarbeitung in diesem Rahmen begeistern konnte. Ich wünsche Ihnen eine spannende Lektüre, aus der Sie viel Wissen mitnehmen können.

Darmstadt   Matthias Knoll

Literatur

Adelmeyer M, Petrick C, Teuteberg F (2017) IT-Risikomanagement von Cloud-Dienstleistungen im Kontext des IT-Sicherheitsgesetzes. HMD – Praxis der Wirtschaftsinformatik 54(1), 313, S 111–123
Adelmeyer, Petrick, Teuteberg (2018) Cloud-Services in Kritischen Infrastrukturen – Anforderungen und IT-Risikomanagement, in: Edition HMD, Cloud Computing – Die Infrastruktur der Digitalisierung, Reinheimer, S. (Hrsg.), S. 199–214.

Inhaltsverzeichnis

Einführung 1

Neben den technischen und ökonomischen Vorteilen, wie Skalierbarkeit, Flexibilität sowie geräte-, zeit- und ortsunabhängiger Zugriff, birgt ein Outsourcing betrieblicher Prozesse und Funktionen in eine Cloud jedoch vielgestaltige Risiken für die IT-Sicherheit und Compliance (Einhaltung regulatorischer Anforderungen) von Unternehmen (Ackermann 2013; Adelmeyer et al. 2017; Teuteberg 2015). Zudem erfordern die Virtualisierung und der Bezug von Ressourcen „über die Cloud" neue Wege bei der Identifikation von Risiken sowie der Maßnahmenbestimmung, um sowohl auf Dienstleister- als auch auf Kundenseite akzeptable Restrisiken zu erreichen (Königs 2017). Mit dem am 12. Juni 2015 verabschiedeten IT-Sicherheitsgesetz (im Folgenden kurz „IT-SiG") verfolgt der Gesetzgeber das Ziel, Kritische Infrastrukturen (KRITIS) zu verpflichten, ihre IT besser vor Cyber-Attacken und Ausfällen zu schützen. Eine zentrale Anforderung aus dem IT-SiG an die Betreiber Kritischer Infrastrukturen ist daher die Gewährleistung eines definierten Mindestsicherheitsniveaus ihrer IT-Systeme. Das IT-SiG kann zudem als ein Vorgriff auf die Europäische Richtlinie zur Netz- und Informationssicherheit (NIS-Richtlinie) gesehen werden, die Cloud-Dienstleister direkt adressiert (Europäische Union 2016; Grudzien 2016). Durch das entsprechende nationale Umsetzungsgesetz zur NIS-Richtlinie vom 23. Juni 2017 werden Cloud-Dienstleister als „Anbieter digitaler Dienste" ferner direkt zur Sicherstellung eines gewissen IT-Sicherheitsniveaus verpflichtet. Obwohl die Verwendung von Cloud-Services in Unternehmen stetig zunimmt und diese aktuell sogar von der Mehrheit der Unternehmen eingesetzt werden, bleiben Sicherheitsbedenken sowie IT-Risiken in diesem Kontext große Hemmnisse, insbesondere für KRITIS (Adelmeyer und Teuteberg 2018). Daraus resultiert ein zwingender Handlungsbedarf für KRITIS und deren Cloud-Dienstleister, die technischen, organisatorischen und regulatorischen Anforderungen durch ein entsprechendes IT-Risikomanagement zu berücksichtigen.

© Springer Fachmedien Wiesbaden GmbH, ein Teil von Springer Nature 2018   1
M. Adelmeyer et al., *IT-Risikomanagement von Cloud-Services in Kritischen Infrastrukturen*, essentials, https://doi.org/10.1007/978-3-658-22742-5_1

Risikomanagement kann als reaktive und proaktive Managementaufgabe angesehen werden, „um Risiken in einem bestimmten Bereich des Unternehmens zu identifizieren, zu analysieren, zu bewerten, zu behandeln und zu überwachen" (Knoll 2014). Die Risiken der Auslagerung von Prozessen und Funktionen in eine Cloud sind verwandt mit denen des klassischen IT-Outsourcings, fokussieren jedoch stärker IT-sicherheitsbezogene als strategische oder finanzielle Aspekte (Ackermann 2013; Adelmeyer et al. 2017). Im Kontext von Kritischen Infrastrukturen spielen IT-Sicherheitsrisiken von Clouds eine gesonderte Rolle (Adelmeyer und Teuteberg 2018). Je nach Bereitstellungs- bzw. Servicemodell der Cloud sind die sich ergebenden Risiken jedoch verschieden (Pearson 2013). Wird bspw. eine Cloud exklusiv für ein Unternehmen intern betrieben (Private Cloud), sind die damit verbundenen Risiken geringer (Knoll 2014). Somit hat eine detaillierte Betrachtung auf Einzelrisikoebene für den jeweiligen Anwendungsfall individuell zu erfolgen und ist daher nicht Gegenstand der nachfolgenden Ausführungen.

Im vorliegenden Beitrag sollen die sich aus dem IT-SiG ergebenden Anforderungen an Cloud-Services und die Auswirkungen für KRITIS untersucht werden. Zudem sollen unterschiedliche Anwendungsfälle und Perspektiven im Kontext des IT-Risikomanagements von Clouds betrachtet werden. Hierzu wurden im Juni 2016 sechs Interviews mit Experten aus verschiedenen Prüfungs- und Beratungsgesellschaften geführt, die im Bereich IT-Sicherheit, Cloud Computing und IT-SiG tätig sind (s. Tab. 1.1).

Auf dieser Basis werden ein Anforderungskatalog an KRITIS und deren Cloud-Dienstleister zur Umsetzung des IT-SiG sowie ein Framework zum IT-Risikomanagement von Clouds in KRITIS entwickelt und Handlungsempfehlungen für die beteiligten Akteure gegeben. Die Ergebnisse können sowohl für KRITIS-Betreiber als auch Cloud-Dienstleister als Grundlage für die konkrete Ausgestaltung eines IT-Risikomanagements von Cloud-Services sowie zur Koordination bzw. Vertragsgestaltung der involvierten Parteien dienen.

Tab. 1.1 Gesprächspartner für die Experteninterviews

Position	Branche	Tätigkeitsfeld
Partner	Wirtschaftsprüfung (WP)	Informationssicherheit, Datenschutz, IT-Risikomanagement
Director	WP	Cyber Security
Geschäftsführer	WP	IT-(Sicherheits-)Prüfungen, Ordnungsmäßigkeit von IT-gestützten Rechnungslegungssystemen
Manager	WP	Cyber Security
IT-Prüfer	WP	IT-Sicherheit, Zertifizierung von Cloud-Services
Rechtsanwältin	Rechtsberatung	IT-Projekte, Lizenzverträge

Grundlagen des Cloud Computings

Für das Paradigma des Cloud Computings existiert keine etablierte und universal gültige Definition, vielmehr ist ein breites Spektrum an Beschreibungsversuchen und Begriffsabgrenzungen zu finden. Eine in der Wissenschaft sowie Praxis weit verbreitete und allgemein akzeptierte Definition wurde durch das National Institute of Standards and Technology (NIST) aufgestellt:

> Cloud Computing ist ein Modell, das ubiquitären und bequemen Netzwerkzugriff bei Bedarf zu einem gemeinsamen Pool von konfigurierbaren Rechenressourcen (z.B. Netzwerk, Server, Speicher, Anwendungen und Dienstleistungen) gewährleistet, die schnell und mit minimalem Verwaltungsaufwand oder Interaktion seitens des Dienstleisters zur Verfügung gestellt und wieder freigegeben werden können (Mell und Grance 2011).

Diese Definition basiert auf fünf grundlegenden Eigenschaften des Cloud Computing Paradigmas (Mell und Grance 2011): der *selbstständige Bezug bei Bedarf ("on-demand self-service")* über einen *standardisierten Netzwerkzugriff ("broad network access"); Ressourcenbündelung ("resource pooling"); elastische Skalierbarkeit ("rapid elasticity");* sowie *nutzungsbasierte Abrechnung ("measured service").* Neben den Charakteristika von Cloud Computing werden weiter drei Servicemodelle ("Service Models") und vier Bereitstellungsmodelle ("Deployment Models") definiert (Mell und Grance 2011).

Die unterschiedlichen Servicemodelle basieren, wie in Abb. 2.1 dargestellt, auf einer Cloud-Infrastruktur. Sie besteht aus einer physischen Schicht, die den Pool an Hardwareressourcen beinhaltet, wie bspw. Server, Speicher oder Netzwerkkomponenten. Die Abstraktionsschicht besteht aus Software, die direkt auf die physische Schicht aufsetzt und diese steuert (Mell und Grance 2011). Eine zentrale Rolle kommt hierbei insbesondere der Virtualisierungssoftware zugute,

© Springer Fachmedien Wiesbaden GmbH, ein Teil von Springer Nature 2018
M. Adelmeyer et al., *IT-Risikomanagement von Cloud-Services in Kritischen Infrastrukturen,* essentials, https://doi.org/10.1007/978-3-658-22742-5_2

Abb. 2.1 Servicemodelle und Cloud-Infrastruktur

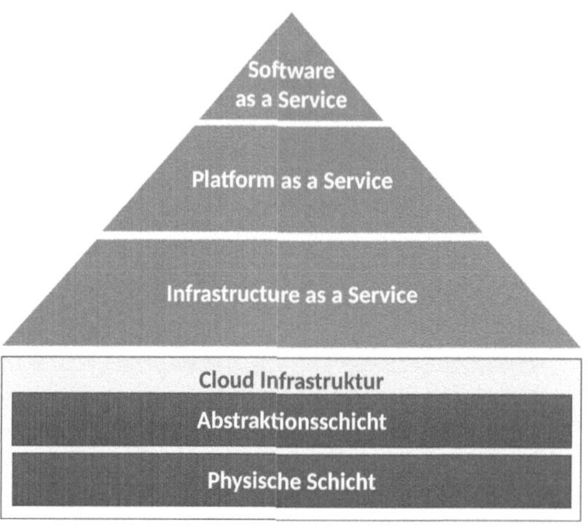

die es ermöglicht, dass auf einer physischen Instanz mehrere logisch voneinander getrennte Instanzen, sogenannte virtuelle Maschinen, betrieben werden können. Bei jedem der drei dargestellten Servicemodelle kann der Benutzer die zugrundeliegende Infrastruktur weder verwalten noch kontrollieren, sondern nur im Rahmen der ihm zur Verfügung gestellten Abstraktionsebene agieren und Einstellungen vornehmen (Mell und Grance 2011). Je höher der Abstraktionsgrad in Bezug auf die Cloud-Infrastruktur, desto geringer sind somit auch die Kontrollmöglichkeiten seitens des Anwenders innerhalb der Cloud.

Innerhalb des *Software as a Service (SaaS)* Modells kann ein Kunde Anwendungen nutzen, die auf der Cloud-Infrastruktur des Anbieters installiert sind. Die Bereitstellung erfolgt hierbei endgeräteunabhängig über ein Thin-Client-Interface, wie beispielsweise einer Programmschnittstelle oder über Webtechnologien (Mell und Grance 2011). Bei *Platform as a Service (PaaS)* besteht die dem Kunden zur Verfügung gestellte Leistung aus der Möglichkeit, eigens entwickelte oder akquirierte Software auf der Cloud-Infrastruktur zu betreiben. Die Dienstleistung ist somit eine Plattform bzw. Umgebung, innerhalb derer der Kunde freie Gestaltungsmöglichkeit besitzt (Mell und Grance 2011). *Infrastructure as a Service (IaaS)* stellt innerhalb der Cloud-Servicemodelle die grundlegendste Möglichkeit der Dienstleistung dar. Der Kunde bezieht hierbei elementare Ressourcen, wie Speicher-, Rechen-, Netzwerkkapazitäten oder Vergleichbares. Er kann somit frei über die Implementation beliebiger Applikationen oder Betriebssysteme entscheiden (Mell und Grance 2011).

Eine weitere Abgrenzung von Cloud-Services lässt sich anhand des Nutzerkreises, innerhalb dessen die Services verfügbar sind, vornehmen (Mell und Grance 2011). Je breiter der Nutzerkreis der Cloud, desto größer sind die nutzbaren Synergieeffekte, jedoch auch die Delegation der Kontrolle innerhalb der Cloud. Bei einer *Private Cloud* wird die Cloud-Infrastruktur exklusiv für eine einzelne Organisation bereitgestellt. Die Cloud kann dabei von der Organisation selbst, einem Drittanbieter oder einer Kombination aus diesen verwaltet und betrieben werden. Der physische Standort der Cloud-Infrastruktur kann sich auf dem Gelände der Organisation („on premises") oder außerhalb („off premises") befinden (Mell und Grance 2011). In *Community Clouds* wird die Cloud-Infrastruktur nur für eine Gruppe von Nutzern aus verschiedenen Organisationen mit geteilten Interessen, bspw. hinsichtlich strategischer Aspekte, interner Richtlinien, Sicherheits- oder Compliance-Anforderungen, bereitgestellt. Ähnlich einer Private Cloud, kann eine Community Cloud von einer der Organisationen selbst, einem Drittanbieter oder einer Kombination aus diesen on oder off premises verwaltet und betrieben werden (Mell und Grance 2011). *Public Clouds* sind der breiten Öffentlichkeit zugänglich. In einer Public Cloud hat der Nutzer die geringste Kontrolle über die Cloud-Infrastruktur und Verwaltung, kann jedoch dadurch im Vergleich maximal von Skaleneffekten profitieren. Eine *Hybrid Cloud* stellt eine Komposition aus zwei oder mehreren voneinander getrennten, eigenständigen Cloud-Infrastrukturen (Private, Community oder Public) dar, die durch standardisierte oder proprietäre Technologien miteinander verbunden sind (Mell und Grance 2011).

Risiken für Kritische Infrastrukturen durch Cloud Computing

3

Infolge der Digitalisierung und der damit zusammenhängenden vermehrten Nutzung und Abhängigkeit von Informationstechnik erhöht sich implizit der Sicherheitsbedarf von KRITIS. Zudem bedingen veränderte Gefährdungslagen, gesetzliche Regelungen wie das IT-Sicherheitsgesetz und aufkommende Technologien, wie bspw. das Cloud Computing, einen kontinuierlichen Prozess sowie stetigen Bedarf der Anpassung von Schutzmaßnahmen. Die Risiken aus dem Einsatz und der Bereitstellung von Cloud-Services hängen maßgeblich von den gewählten Bereitstellungs- und Servicemodellen sowie den betroffenen Systemen, Prozessen und Funktionen ab (Adelmeyer und Teuteberg 2018). Durch die stärkere nutzerseitige Kontrolldelegation in Public Clouds im Vergleich zu Private Clouds entsteht eine Abhängigkeit vom Anbieter, da entsprechende Kontrollmechanismen oder Sicherheitsvorkehrungen nicht mehr direkt überwacht werden können. Da beim SaaS-Servicemodell der Abstraktionsgrad von der zugrunde liegenden Cloud-Infrastruktur am höchsten ist, konzentrieren sich die resultierenden Risiken verstärkt auf Aspekte der Anwendungssicherheit (Adelmeyer und Teuteberg 2018). Die mit der Verwendung oder Bereitstellung von Cloud-Services zusammenhängenden Risiken müssen somit für das entsprechende Szenario individuell identifiziert werden. Im Regelfall sehen sich KRITIS durch Clouds mit grundlegenden Risiken zur Netzwerk-, Server- sowie Internetsicherheit konfrontiert, die jedoch vor dem Hintergrund des Betriebs einer Kritischen Infrastruktur besonderer Vorsorge bedürfen. Hierbei rücken insbesondere Anforderungen an die Verfügbarkeit, Resilienz und Sicherheit von Cloud-Services in den Vordergrund, welche durch die Virtualisierung sowie das Pooling und die geteilte Verwendung von Cloud-Ressourcen entsprechend gefährdet werden können. Zudem stellen Cloud-Dienstleister, die Services für mehrere Kritische Infrastrukturen betreiben, ein attraktives Ziel für Attacken dar (Adelmeyer und Teuteberg 2018).

© Springer Fachmedien Wiesbaden GmbH, ein Teil von Springer Nature 2018
M. Adelmeyer et al., *IT-Risikomanagement von Cloud-Services in Kritischen Infrastrukturen,* essentials, https://doi.org/10.1007/978-3-658-22742-5_3

Grundsätzlich lassen sich die entstehenden Risiken mehreren Bereichen zuordnen, wie bspw. technische, organisatorische, wirtschaftliche, rechtliche oder externe Risiken (Teuteberg 2015). Dazu gehören unter anderem Lock-In-Effekte, Kontrollverluste bezüglich Sicherheitsvorkehrungen, mangelhafte Compliance mit Vorgaben, Isolationsfehler bei der Trennung von Daten unterschiedlicher Kunden oder Unkenntnis über den genauen Datenspeicherort bzw. Datenschutzrisiken. Ein weiteres zentrales Risiko besteht in der Compliance mit regulatorischen Vorgaben für KRITIS, welche insbesondere im Bereich der IT-Sicherheit erhöhten Anforderungen unterliegen (Adelmeyer und Teuteberg 2018). Dies hat zur Folge, dass KRITIS Transparenz über die angemessene und gesetzeskonforme Umsetzung von IT-Sicherheitsmaßnahmen benötigen und die aus der Nutzung oder Bereitstellung von Cloud-Services resultierende Risiken entsprechend in das IT-Risikomanagement integrieren müssen.

IT-Sicherheit und IT-Sicherheitsgesetz 4

In einem Zeitalter der Digitalisierung und globalen Vernetzung gewinnt der Begriff „IT-Sicherheit" immer mehr an Bedeutung. Angriffe auf IT-Systeme (z. B. Spionage, Sabotage) bergen ökonomische und Reputationsverluste für die betroffenen Unternehmen sowie Gefahren für das Gemeinwesen und werden heutzutage nicht mehr nur von Kleinkriminellen verübt, sondern sind vielmehr Instrumente von Geheimdiensten, Terroristen oder organisierter Kriminalität. Die Aufgabe der IT-Sicherheit besteht folglich darin, „Unternehmen und deren Werte (Know-how, Kundendaten, Personaldaten) zu schützen und wirtschaftliche Schäden, die durch Vertraulichkeitsverletzungen, Manipulationen oder auch Störungen der Verfügbarkeit von Diensten des Unternehmens entstehen können, zu verhindern" (Eckert 2018). Die Wahrung der der IT-Sicherheit zugrunde liegenden Schutzziele (u. a. Verfügbarkeit, Integrität, Authentizität und Vertraulichkeit) bedingt ein funktionierendes IT-Sicherheits- und Risikomanagement in Unternehmen. Vertraulichkeit beschreibt in diesem Kontext, dass keine unautorisierte Informationsgewinnung möglich ist. Um die Integrität zu gewährleisten, dürfen Systeme und Daten nicht unbemerkt verändert werden und Änderungen müssen jederzeit nachvollziehbar sein. Authentizität beschreibt die Eigenschaften der Echtheit, Überprüfbarkeit und Vertrauenswürdigkeit von Daten. Die Verfügbarkeit bedingt, dass Systeme und Daten entsprechend vor Ausfällen geschützt werden oder in angemessener Zeit wieder zur Verfügung stehen müssen.

Um die Forderung nach mehr Sicherheit Kritischer Infrastrukturen vor dem Hintergrund der Digitalisierung umzusetzen, ist der deutsche Gesetzgeber mit dem IT-SiG seiner staatlichen Verpflichtung nachgekommen, die IT-Sicherheit zu stärken. Als ein Artikelgesetz stellt es eine Erweiterung bestehender Gesetze, wie dem Gesetz über das Bundesamt für Sicherheit in der Informationstechnik (BSIG), dem Atomgesetz (AtG), dem Energiewirtschaftsgesetz (EnWG), dem Telekommunikationsgesetz (TKG) und weiteren dar und richtet sich direkt an

© Springer Fachmedien Wiesbaden GmbH, ein Teil von Springer Nature 2018 9
M. Adelmeyer et al., *IT-Risikomanagement von Cloud-Services in Kritischen Infrastrukturen,* essentials, https://doi.org/10.1007/978-3-658-22742-5_4

KRITIS-Betreiber (Grudzien 2016). KRITIS sind in § 2 Abs. 10 BSIG als Einrichtungen, Anlagen oder Teile davon definiert, die den Sektoren Energie, IT und Telekommunikation, Transport und Verkehr, Gesundheit, Wasser, Ernährung sowie Finanzen und Versicherungen angehören und deren Funktionieren eine besondere Bedeutung für das Gemeinwesen innehat, da ein Ausfall Versorgungsengpässe oder eine Gefährdung der öffentlichen Sicherheit zur Folge hat (vgl. § 2 Abs. 10 BSIG). Ausgenommen davon sind sogenannte „Kleinstunternehmen" (§ 8d Abs. 1 BSIG). Ergänzend zum IT-Sicherheitsgesetz, welches der deutsche Gesetzgeber als Vorgriff auf die europäische NIS-Richtlinie erlassen hat und das Betreiber Kritischer Infrastrukturen adressiert (Europäische Union 2016; Grudzien 2016), wurden mit dem Umsetzungsgesetz zur NIS-Richtlinie vom 23. Juni 2017 zusätzlich „Anbieter digitaler Dienste", darunter auch Cloud Computing Dienste, zur Einhaltung von IT-Sicherheitsstandards und -maßnahmen verpflichtet. Die besonderen Anforderungen an Cloud-Services sind in § 8c BSIG geregelt und umfassen unter anderem „geeignete und verhältnismäßige technische und organisatorische Maßnahmen" zur Sicherstellung der Netz- und Informationssystemsicherheit unter Berücksichtigung des Stands der Technik (§ 8c Abs. 1 und 2 BSIG). Zudem sind Betreiber von Cloud-Services dazu verpflichtet, erhebliche Sicherheitsvorfälle an das BSI zu melden (§ 8c Abs. 3 BSIG).

Für KRITIS-Betreiber ergeben sich aus dem IT-SiG zwei Kernanforderungen. Zum einen sollen innerhalb eines Zeitraums von zwei Jahren für kritische IT-Systeme, Komponenten oder Prozesse „angemessene organisatorische und technische Vorkehrungen zur Vermeidung von Störungen der Verfügbarkeit, Integrität, Authentizität und Vertraulichkeit" getroffen werden (§ 8a Abs. 1 BSIG). Zum anderen muss ein Meldewesen für Störungen im Unternehmen sowie innerhalb von 6 Monaten eine Kontaktstelle im Rahmen der Kommunikation mit dem Bundesamt für Sicherheit in der Informationstechnik (BSI) implementiert werden (Goldshteyn und Adelmeyer 2015; Grudzien 2016). Die Meldepflicht muss gemäß § 8b Abs. 4 BSIG für (erhebliche) Störungen, die zu einem Ausfall oder zu einer erheblichen Beeinträchtigung der Funktionsfähigkeit der betriebenen Kritischen Infrastrukturen geführt haben oder führen können, eingehalten werden. Insbesondere die Umsetzung organisatorischer und technischer Vorkehrungen birgt vor dem Hintergrund eines effektiven IT-Sicherheits- und Risikomanagements Herausforderungen für KRITIS-Betreiber. Zudem ergibt sich für Unternehmen der Sektoren die initiale Problematik der Klassifizierung als KRITIS.

Betroffenheit von Cloud-Betreibern durch das IT-Sicherheitsgesetzes

Zu unterscheiden ist, ob ein Cloud-Betreiber selbst als KRITIS klassifiziert wird oder als Dienstleister eines KRITIS-Betreibers agiert. Zur Konkretisierung der Vorgaben des IT-SiG sowie zur Klassifizierung der Betreiber wurden in zwei Körben entsprechende Verordnungen erlassen. Hierzu wurde am 22. April 2016 die erste „Verordnung zur Bestimmung Kritischer Infrastrukturen nach dem BSI-Gesetz (BSI-Kritisverordnung – BSI-KritisV)" des Bundesministeriums des Innern (BMI) für den ersten Korb der Sektoren Energie, Wasser, Ernährung sowie Informationstechnik und Telekommunikation erlassen (BMI 2016), die potenziell für Cloud-Betreiber maßgeblich ist. Diese erste Verordnung wurde für die verbleibenden Sektoren Gesundheit, Finanz- und Versicherungswesen sowie Transport und Verkehr mit der Änderungsverordnung vom 21. Juni 2017 ergänzt.

5.1 Klassifizierung von Cloud-Betreibern als KRITIS

Die Einstufung als KRITIS obliegt zunächst dem jeweiligen Betreiber. Der für Cloud-Betreiber relevante Paragraph ist § 5 BSI-KritisV, welcher in Abs. 1 ff. im Sektor Informationstechnik und Telekommunikation zwei verschiedene kritische Dienstleistungen spezifiziert. Dies sind Dienstleistungen aus der „Sprach- und Datenübertragung" sowie aus dem Bereich der „Datenspeicherung und -verarbeitung". Bei der Sprach- und Datenübertragung werden Dienstleistungen „in den Bereichen Zugang, Übertragung, Vermittlung und Steuerung erbracht" (§ 5 Abs. 2 BSI-KritisV). Dienstleistungen der Datenspeicherung und -verarbeitung

© Springer Fachmedien Wiesbaden GmbH, ein Teil von Springer Nature 2018   11
M. Adelmeyer et al., *IT-Risikomanagement von Cloud-Services in Kritischen Infrastrukturen*, essentials, https://doi.org/10.1007/978-3-658-22742-5_5

sind beispielsweise „Housing, IT-Hosting und Vertrauensdienste" (§ 5 Abs. 3 BSI-KritisV). Das BMI schätzt die Zahl der betroffenen Anlagen aus dem Bereich „Datenspeicherung und -verarbeitung" des Sektors Informationstechnik und Telekommunikation auf ca. 30. Als Beispiele führt das BMI Rechenzentren, Serverfarmen, TrustCenter und Content Delivery Networks auf (BMI 2016). Eine Konkretisierung bezüglich Cloud-Services im Bereich Datenspeicherung und -verarbeitung wird im Teil B zu § 5 Abs. 3 der BSI-KritisV vorgenommen. Hierin wird der Bereich IT-Hosting als Dienste für den Endkunden definiert, „die sich in ‚Infrastructure as a Service' (IaaS – z. B. (virtuelle) Server), ‚Plattform as a Service' (PaaS – z. B. Webhosting, LAMP-Systeme) und ‚Software as a Service' (SaaS) unterteilen lassen" (BMI 2016). Die Kategorie IT-Hosting ist demnach die maßgebliche Kategorie für Cloud-Dienstleister. Nach Einschätzung der Experten ist es ferner wahrscheinlich, dass hierunter überwiegend nicht reine Cloud-Betreiber sondern Unternehmen der IKT-Branche fallen, die unter anderem Clouds betreiben und die vorgegebenen Schwellenwerte (s. Tab. 5.1) erfüllen.

Durch die BSI-KritisV wird dem Cloud-Betreiber die Pflicht zur Ermittlung des Versorgungsgrads (Relevanz der jeweiligen Dienstleistung aus gesamtgesellschaftlicher Sicht) „seiner Anlage für das zurückliegende Kalenderjahr bis zum 31. März des Folgejahres" auferlegt (Anhang 4, Nr. 2 BSI-KritisV). Die Klassifizierung anhand der Schwellenwerte setzt voraus, dass Instrumente und Prozesse vorliegen oder etabliert werden, die eine Aussage hinsichtlich der Bemessungsgrundlage ermöglichen. Zudem gilt es für Cloud-Betreiber grundsätzlich zu

Tab. 5.1 Relevante Schwellenwerte für Organisationen der Datenspeicherung und -verarbeitung. (s. Anhang 4, Teil 3, BSI-KritisV)

Anlagenbezeichnung	Bemessungskriterium	Schwellenwert
Rechenzentrum (Housing)	Vertraglich vereinbarte Leistung in Megawatt (MW) (Jahresdurchschnitt)	5
Serverfarm (IT-Hosting)	Anzahl der laufenden Instanzen (Jahresdurchschnitt)	25.000
Content Delivery Networks (IT-Hosting)	Ausgeliefertes Datenvolumen in Terrabyte (TByte/Jahr)	75.000
Anlage zur Erbringung von Vertrauensdiensten (Vertrauensdienste)	Anzahl der ausgegebenen qualifizierten Zertifikate	500.000
	Anzahl von Zertifikaten zur Authentifizierung öffentlich zugänglicher Server	10.000

überprüfen, ob sie als „Anbieter digitaler Dienste" den damit verbundenen besonderen Anforderungen nach § 8c BSIG unterliegen und somit unabhängig von der Klassifikation als KRITIS die geforderten IT-Sicherheitsmaßnahmen und Meldepflichten erfüllen müssen.

5.2 Cloud-Betreiber ist Dienstleister von Kritischen Infrastrukturen

Sofern ein Cloud-Dienstleister für einen KRITIS-Betreiber Systeme, Prozesse oder Daten, die für den sicheren Betrieb der Kritischen Infrastruktur maßgeblich sind, betreibt, ist er mittelbar vom IT-SiG betroffen. Bei einem Outsourcing muss der KRITIS-Betreiber im Rahmen eines IT-Risikomanagements sicherstellen, dass die sich durch die Auslagerung potenziell ergebenden und das IT-SiG betreffenden IT-Risiken entsprechend identifiziert und überwacht werden. Die Verantwortung und Pflichten nach §§ 8a und 8b BSIG verbleiben bei einer Auslagerung informationstechnischer Systeme an Dritte beim KRITIS-Betreiber, welcher somit die Umsetzung der Anforderungen des IT-SiG beim Dienstleister sicherzustellen hat. Dies kann bspw. über Zertifizierungen oder externe Audits geschehen. Offen ist hierbei nach aktuellem Stand jedoch die Grundlage, nach der Cloud-Dienstleister in diesem Rahmen zu bewerteten sind oder unter welchen Voraussetzungen bestehende Zertifizierungen, wie z. B. nach ISO 27001, herangezogen werden können. Darüber hinaus gelten für Cloud-Dienstleister als „Anbieter digitaler Dienste" unter Umständen die entsprechenden Anforderungen des § 8c BSIG, die im Umsetzungsgesetz zur NIS-Richtlinie definiert wurden.

Die mittelbare Betroffenheit von Cloud-Betreibern durch das IT-SiG ist nach Einschätzung der Experten die wahrscheinlichere bzw. häufigere Form. Neben den ohnehin einzuhaltenden gesetzlichen Anforderungen bestimmter Sektoren (bspw. AtG, EnWG oder TKG) sind durch den Cloud-Dienstleister ferner alle branchenspezifischen Sicherheitsstandards (B3S) des IT-Sicherheitsgesetzes zu berücksichtigen, die seine Kunden betreffen (mögliche multiple Betroffenheit des Dienstleisters). Die KRITIS-Betreiber werden die entsprechenden Anforderungen in der Regel an ihre Dienstleister weitergeben, bspw. über entsprechende vertragliche Regelungen. Als Orientierung für Cloud-Dienstleister als auch KRITIS-Betreiber wurden vom UP KRITIS, einer öffentlich-privaten Kooperation zwischen KRITIS-Betreibern, deren Verbänden und den zuständigen staatlichen Stellen, entsprechende Best Practices veröffentlicht, die bei der Vertragsgestaltung zwischen den Parteien berücksichtigt werden können (UP KRITIS 2017).

Anforderungskatalog für Cloud-Services 6

Aus dem IT-SiG ergeben sich diverse Anforderungen für Cloud-Betreiber, die entweder selbst als KRITIS klassifiziert sind oder die als Dienstleister eines KRITIS agieren. Hieraus lassen sich Implikationen bzw. Handlungsempfehlungen für die betroffenen Unternehmen und das IT-Risikomanagement von Cloud-Services ableiten. Bestehende Maßnahmen, wie bspw. im Rahmen eines funktionierenden internen Kontrollsystems (IKS), müssen entsprechend integriert oder erweitert werden.

Tab. 6.1 führt die aus dem IT-SiG sowie den Experteninterviews identifizierten Anforderungen auf, welche direkte Relevanz für das unternehmensinterne IT-Risikomanagement haben. Unterschieden wird zwischen Anforderungen, die direkt für als KRITIS klassifizierte Cloud-Betreiber (1.X) sowie ggf. mittelbar für deren Dienstleister (DL) gelten. Diese müssen die Anforderungen (Tab. 6.1, bspw. Nr. 1.7 oder 1.8) nicht direkt umsetzen, können jedoch bspw. vertraglich dazu verpflichtet werden. Zudem existieren spezielle Anforderungen (TKG, TMG), die je nach Art der Dienstleistungserbringung des KRITIS-Betreibers anzuwenden sind. Die Anforderungen des AtG sowie EnWG aus dem IT-SiG werden im Regelfall nicht auf als KRITIS klassifizierte Cloud-Betreiber zutreffen, sofern diese nicht als Dienstleister eines KRITIS aus den betreffenden Sektoren agieren. Die Notwendigkeit eines ISMS (Tab. 6.1, Nr. 1.8) wird nicht explizit genannt, bildet nach Meinung der Experten jedoch im Kontext des aktuellen Stands der Technik den Standard beim Management von IT-Sicherheitsrisiken. Neben der mittelbaren Betroffenheit durch die Weitergabe der Anforderungen des IT-SiG durch KRITIS-Betreiber (s. Tab. 6.1, Kategorie DL bzw. 2.X), ergeben sich weitere ergänzende Anforderungen an Dienstleister. Darüber hinaus ergeben sich möglicherweise Anforderungen an Cloud-Dienstleister als „Anbieter digitaler Dienste" im Rahmen von § 8c BSIG. Im Folgenden werden ausgewählte Anforderungen durch das BSIG erläutert.

Tab. 6.1 Anforderungen an als KRITIS klassifizierte Cloud-Betreiber sowie an Dienstleister von KRITIS

Nr.	Bezeichnung der Anforderung	Ursprung	Kategorie
1.1	Einhaltung technischer Anforderungen	§ 8a Abs. 1 BSIG	KRITIS, DL
1.2	Einhaltung organisatorische Anforderungen	§ 8a Abs. 1 BSIG	KRITIS, DL
1.3	Einhaltung des Stands der Technik	§ 8a Abs. 1 BSIG, (§ 109 Abs. 2 TKG)	KRITIS, DL
1.4	Entwicklung und Umsetzung branchenspezifischer Standards	§ 8a Abs. 2 BSIG	KRITIS, DL
1.5	Regelmäßige Audits und Zertifizierungen	§ 8a Abs. 3 BSIG	KRITIS, DL
1.6	Kontaktstelle einrichten und unterhalten	§ 8b Abs. 3 BSIG	KRITIS
1.7	Implementierung eines Meldewesens	§ 8b Abs. 4 BSIG, (§ 109 Abs. 5 TKG, § 13 Abs. 7 TMG)	KRITIS, DL
1.8	Implementierung und Betrieb eines Managementsystems für Informationssicherheit (ISMS)	§ 8b Abs. 4 BSIG, Experteninterviews	KRITIS, DL
1.9	Störungsbeseitigung	§ 100 Abs. 1 TKG	TKG, DL
1.10	Erstellen und Verwalten eines Sicherheitskonzepts	§ 109 Abs. 4 TKG	TKG, DL
1.11	Regelmäßige Auditierung des Sicherheitskonzepts	§ 109 Abs. 4 TKG	TKG, DL
1.12	Nutzerkommunikation von Störungen in Diensten	§ 109a Abs. 4 TKG	TKG, DL
1.13	Schutz der technischen Einrichtungen	§ 13 Abs. 7 TMG	TMG, DL
1.14	Schutz von personenbezogenen Daten	§ 13 Abs. 7 TMG	TMG, DL
1.15	Ermittlung des Versorgungsgrads der Anlage	BSI-KritisV	KRITIS
1.16	Entwicklung von Instrumenten zur Klassifikation anhand der Schwellenwerte	BSI-KritisV	KRITIS
1.17	Beschäftigung von IT-(Sicherheits-)Fachkräften	Experteninterviews	KRITIS, DL
1.18	Konformitätsprüfung der IT-Sicherheitsstrukturen	Experteninterviews	KRITIS, DL
2.1	Kommunikation mit dem BSI bei Produkt- und Systemüberprüfungen	§ 7a Abs. 1 BSIG	DL

(Fortsetzung)

Tab. 6.1 (Fortsetzung)

Nr.	Bezeichnung der Anforderung	Ursprung	Kategorie
2.2	Beseitigung von Sicherheitslücken in Soft- und Hardware	§ 7a Abs. 2 BSIG, Experteninterviews	DL
2.3	Dokumentation bzw. Zertifizierung der getroffenen Maßnahmen	Experteninterviews	DL
2.4	Kundenstammanalyse	Experteninterviews	DL
2.5	Umsetzung relevanter branchenspezifischer Sicherheitsstandards der Kunden	Experteninterviews	DL

Die aus § 8a Abs. 1 BSIG resultierenden Forderungen nach angemessenen technischen und organisatorischen Vorkehrungen zur Vermeidung von Störungen (Tab. 6.1, Nr. 1.1 und 1.2) werden durch die Einhaltung des Standes der Technik beeinflusst (Tab. 6.1, Nr. 1.3). Aufgrund des stetigen technischen Wandels werden entsprechende Vorkehrungen durch das IT-SiG nicht konkretisiert sondern als angemessen betrachtet, „wenn der dafür erforderliche Aufwand nicht außer Verhältnis zu den Folgen eines Ausfalls oder einer Beeinträchtigung der betroffenen Kritischen Infrastruktur steht" (§ 8a Abs. 1 BSIG). Diese Anforderung gewinnt an Relevanz, als dass betroffene Unternehmen das richtige Maß analysieren müssen, um den Stand der Technik einzuhalten. Zur Unterstützung der vom IT-SiG betroffenen Unternehmen existieren Publikationen, wie bspw. des TeleTrusT (TeleTrusT 2016), an denen sich betroffene Unternehmen hinsichtlich der Anforderungen an den Stand der Technik orientieren können.

Regelmäßige Audits und Zertifizierungen (Tab. 6.1, Nr. 1.5) ergeben sich aus § 8a Abs. 3 BSIG, um die technischen und organisatorischen Maßnahmen durch entsprechende Nachweise bestätigen zu können. Unter den befragten Experten herrscht Konsens darüber, dass zur Überprüfung des ISMS ISO 27001 als maßgeblich angesehen werden kann. Entscheidend bei der Umsetzung der Forderung ist eine detaillierte Dokumentation der ergriffenen Maßnahmen. Dies gilt analog auch für Cloud-Dienstleister, die Dienstleistungen für einen KRITIS erbringen und im Rahmen von Audits beim KRITIS ebenfalls in den Fokus von Überprüfungen rücken können.

In § 8b Abs. 3 BSIG werden KRITIS dazu verpflichtet, eine jederzeit erreichbare Kontaktstelle einzurichten und zu unterhalten (Tab. 6.1, Nr. 1.6), die die Kommunikation mit dem BSI übernimmt. Hierbei müssen diverse Fragen, wie bspw. nach der erforderlichen Qualifikation und Hierarchiestufe der Mitarbeiter geklärt werden. Aufgrund der notwendigen permanenten Erreichbarkeit der Kontaktstelle ist ggf. ein geregelter Schichtbetrieb zur Wahrung der Aufgabe erforderlich. Ferner ist unklar, ob ein Cloud-Dienstleister, der für einen KRITIS arbeitet, ebenfalls eine Kontaktstelle einrichten muss. Bei einer möglichen vertraglichen Übertragung der Anforderungen an den Dienstleister muss dieser eine Kontaktstelle einrichten, die den Anforderungen des KRITIS-Betreibers hinsichtlich der Erreichbarkeit unterliegt.

Die Anforderung der Implementierung eines Meldewesens (Tab. 6.1, Nr. 1.7) resultiert aus § 8b Abs. 4 BSIG und ist verbunden mit der Anforderung Nr. 1.6. Auftretende, meldepflichtige Störungen sind über die Kontaktstelle unverzüglich dem BSI mitzuteilen. Dies bedingt die vorhergehende unternehmensinterne Definition von Meldeprozessen, sowohl beim KRITIS, als auch beim Cloud-Dienstleister, was von den Experten als „funktionierendes Incident-Management" vorausgesetzt wird. Nach Eintritt eines Vorfalls muss dieser bewertet, kategorisiert, dokumentiert und je nach Meldepflichtigkeit an das BSI gemeldet werden.

Die Notwendigkeit des Betriebs eines funktionierenden ISMS (Tab. 6.1, Nr. 1.8) resultiert ebenfalls aus § 8b Abs. 4 BSIG und stellt eine zentrale Forderung des IT-SiG dar. Das in Anforderung Nr. 1.7 aufgeführte Incident-Management kann dabei als Teil des ISMS verstanden werden, welches bei Cloud-Betreibern etabliert sein sollte. Die Experten weisen jedoch darauf hin, dass der Umfang (Scope) des ISMS, welcher um das IT-SiG zu erweitern ist, noch unklar ist bzw. für den Einzelfall definiert werden muss. Als optimal wurde eine Zertifizierung des ISMS auf Basis von ISO 27001 angesehen, um eine Nachweisbarkeit für externe Stakeholder (Kunden, Gesetzgeber etc.) zu gewährleisten.

Die Kommunikation mit dem BSI bei Produkt- und Systemüberprüfungen (Tab. 6.1, Nr. 2.1) entstammt § 7a Abs. 1 BSIG. Der entsprechende Passus räumt dem BSI die Möglichkeit ein, Cloud-Services zu untersuchen. Sollte ein Cloud-Service (bspw. SaaS) gravierende Sicherheitsmängel aufweisen, so kann das BSI gem. § 7a Abs. 2 BSIG die Ergebnisse der Überprüfung veröffentlichen, nachdem der Dienstanbieter zu den Mängeln Stellung nehmen konnte. Weitere Beispiele zur Kommunikation mit dem BSI sind in diesem Rahmen Tauglichkeitsüberprüfungen bei der Einführung eines neuen Cloud-Services.

IT-Risikomanagement-Framework für den Einsatz von Cloud-Services in Kritischen Infrastrukturen 7

Grundsätzlich können klassische IT-Risikomanagementkonzepte und -theorien des IT-Outsourcings beim Cloud Computing Anwendung finden (Teuteberg 2015). Diese müssen jedoch an den jeweiligen Anwendungsfall sowie die Anforderungen des IT-SiG angepasst werden. Ein wesentlicher Unterschied ist dabei der Automatisierungsgrad (Teuteberg 2015). Anders als beim klassischen IT-Outsourcing steht beim Cloud Computing nicht die Dienstleistungsbündelung und -beratung im Vordergrund, vielmehr ist ein hoher Grad an Automatisierung maßgeblich, welcher sich in der Regel durch eine anonyme und standardisierte Interaktion auszeichnet (Teuteberg 2015).

Wie in Abb. 7.1 dargestellt, ist eine Berücksichtigung der Risiken in allen Phasen des IT-Risikomanagements über den gesamten Cloud-Lebenszyklus sowie eine Integration der vom IT-SiG geforderten Strukturen (bspw. Meldewesen) essentiell. Der Fokus der Abbildung liegt auf der Auslagerung von Prozessen und Funktionen eines KRITIS an einen Cloud-Dienstleister, bei der vor allem ein adäquates Monitoring bzw. Reporting sowie eine funktionierende Risikokommunikation von Bedeutung sind. Der skizzierte Prozess des IT-Risikomanagements kann jedoch analog für einen internen Cloud-Betrieb angewendet werden. Aufgrund der unterschiedlichen Risikoausprägung je nach Service- bzw. Bereitstellungsmodell (Pearson 2013) wird nicht die Einzelrisikoebene betrachtet, sondern die generellen Anforderungen des IT-SiG bzw. der jeweilig geltenden regulatorischen Anforderungen. Entsprechende IT-sicherheitsbezogene Risiken und Kontrollen müssen für den jeweiligen Anwendungsfall aus den relevanten Regulatorien, Standards, Frameworks und Best Practices abgeleitet werden. Das IT-SiG führt in diesem Kontext insb. Risiken für die Verfügbarkeit, Integrität, Authentizität und Vertraulichkeit von Daten auf (s. § 8a Abs. 1 BSIG). Die Umsetzung eines konkreten IT-Risikomanagements kann sich insbesondere am ISO Standard 27005 zum Management von Informationssicherheitsrisiken orientieren (Klipper 2015).

© Springer Fachmedien Wiesbaden GmbH, ein Teil von Springer Nature 2018
M. Adelmeyer et al., *IT-Risikomanagement von Cloud-Services in Kritischen Infrastrukturen*, essentials, https://doi.org/10.1007/978-3-658-22742-5_7

7.1 Phasen des IT-Risikomanagements

Das Management von Informationssicherheitsrisiken, die durch den Einsatz von Cloud Computing in KRITIS entstehen, lässt sich durch folgende, an ISO 27005 angelehnte, Phasen beschreiben, welche im Regelfall iterativ durchlaufen werden (vgl. Klipper 2015) (s. Abb. 7.1):

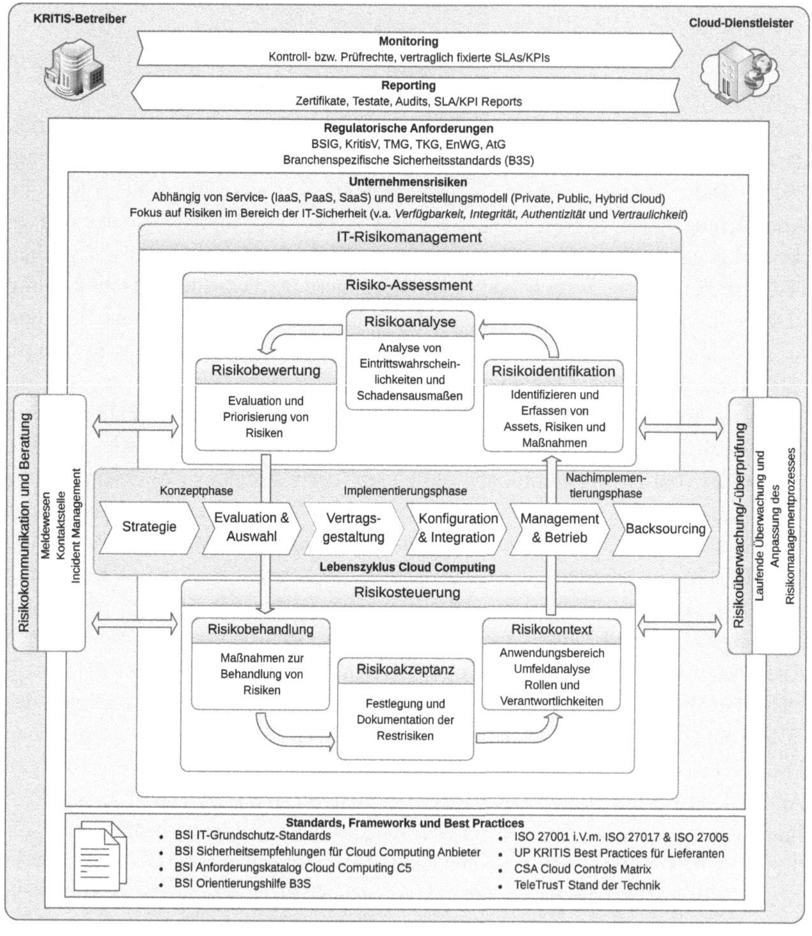

Abb. 7.1 IT-Sicherheitsrisikomanagement von Cloud-Services in Kritischen Infra-strukturen. (In Anl. an Teuteberg 2015)

- **Festlegung des Risikokontexts:** In dieser Phase werden der Anwendungsbereich und die Grenzen, Rollen und Verantwortlichkeiten sowie Basiskriterien festgelegt. Dies setzt eine genaue Umfeldanalyse sowie die Definition einer Risikostrategie voraus (Teuteberg 2015). Im Rahmen der Definition von Basiskriterien zur Bewertung von Risiken sollten in dieser Phase frühzeitig die Anforderungen aus dem IT-SiG (vgl. Kap. 6) entsprechend berücksichtigt werden.
- **Risikoidentifikation:** In der Phase der Risikoidentifikation als erstem Teil des Risiko-Assessments werden die Assets und Prozesse, für die das Risikomanagement gelten soll, sowie die Bedrohungen, bereits umgesetzten Maßnahmen, Schwachstellen und Schadensauswirkungen identifiziert. Hierbei sind insbesondere die Spezifika des betrachteten Cloud-Services zu berücksichtigen.
- **Risikoanalyse:** Im Rahmen der Risikoanalyse werden Eintrittswahrscheinlichkeiten, Auswirkungen bzw. Schadensausmaße sowie Risiko-Levels für betrachtete Szenarien ermittelt. Je nach eingesetztem Cloud-Service- und Bereitstellungsmodell können sich hierbei verschiedene Ausprägungen ergeben.
- **Risikobewertung:** Die zuvor identifizierten und analysierten Risiken werden in diesem Schritt im Kontext der definierten Basiskriterien evaluiert und priorisiert, um als Grundlage für die Festlegung der Risikobehandlung dienen zu können.
- **Risikobehandlung:** Auf Basis des Risiko-Assessments werden im Rahmend der Risikobehandlung Maßnahmen festgelegt, um angemessen auf Risiken bzw. zukünftige Störereignisse reagieren zu können. Diese Maßnahmen umfassen z. B. die Modifikation (Reduktion durch Implementation von Vorkehrungen), Übernahme (bewusstes Tragen von Risiken), Vermeidung (Unterlassen von risikobehafteten Aktivitäten) sowie das Teilen (Transfer, bspw. durch Versicherung durch Dritte) von Risiken.
- **Risikoakzeptanz:** Festlegung und Dokumentation der Restrisiken, die nach Ausschöpfung aller Möglichkeiten der Risikobehandlung verbleiben.
- **Risikokommunikation und Beratung:** Die Risikokommunikation ist entscheidend für den Erfolg des Risikomanagementprozesses. Über alle Phasen des Prozesses müssen die Stakeholder (u. a. Management, Fachabteilungen, Mitarbeiter) informiert werden. Im Rahmen des IT-SiG sind zudem ein funktionierendes Meldewesen und Incident Management sowie die Aufrechterhaltung einer ständigen Kontaktstelle zum BSI essenziell.
- **Risikoüberwachung/-überprüfung:** Kontinuierliche Überwachung der Cloud-bezogenen Risiken sowie Kontrolle und Anpassung des Risikomanagementprozesses. Zudem sollten regelmäßig Statusberichte hinsichtlich des Erfolgs der Risikobegegnungsmaßnahmen, welche kontinuierlich anhand entsprechender Kennzahlen überwacht werden, erstellt werden (Teuteberg 2015).

7.2 Phasen des Cloud-Computing-Lebenszyklus

Das Risikomanagement von Cloud-Services sollte sich über den kompletten Lebenszyklus einer Cloud-Dienstleistung erstrecken. Daher ist ein Bewusstsein über die Spezifika der einzelnen Phasen essenziell (vgl. Königs 2017; Teuteberg 2015):

- **Phase 1: Cloud-Sourcing-Strategie:** In der ersten Phase des Outsourcings werden strategische Fragestellungen hinsichtlich der auszulagernden Systeme und Prozesse, zu Sicherheitsanforderungen, Service-und Bereitstellungsmodellen sowie zu Vor-, Nachteilen und Risiken eruiert.
- **Phase 2: Evaluation und Auswahl:** In der Evaluations- bzw. Auswahlphase werden die Auswahlalternativen bewertet sowie eine Entscheidung hinsichtlich des zu verwendenden Services sowie des Dienstleisters getroffen. In dieser Phase sollten bereits erste Verantwortlichkeiten hinsichtlich der Anforderungen des IT-SiG mit dem Dienstleister festgelegt werden.
- **Phase 3: Vertragsgestaltung:** Kritisch für die Vertragsgestaltung sind neben der Fixierung der Verantwortlichkeiten und Maßnahmen zur Wahrung der Informationssicherheit ebenfalls die Definition von Kennzahlen und Messgrößen. Die Compliance mit internen Richtlinien oder bspw. ISO 27001 kann in diesem Schritt über ein IT-Sicherheitskonzept erreicht werden. Aufgrund der Kontrolldelegation in Cloud-Services kommt der Vertragsgestaltung eine zentrale Bedeutung zuteil.
- **Phase 4: Konfiguration und Integration:** Im Rahmen der Konfiguration und Integration werden Anpassungen der Funktionalitäten des Cloud-Services an die Gegebenheiten im Unternehmen vorgenommen. Zudem muss der Cloud-Service in die bestehende IT-Systemlandschaft integriert werden.
- **Phase 5: Management und Betrieb:** Diese Phase beinhaltet das kontinuierliche Management des Cloud-Services sowie der damit verbundenen Aufrechterhaltung eines angemessenen Informationssicherheitsniveaus.
- **Phase 6: Backsourcing:** Die Phase des Backsourcings findet häufig keine oder nur unzureichende Berücksichtigung. Hierbei werden die vorhandenen Services bewertet und ggf. wieder auf interne Stellen übertragen. In der Unternehmenspraxis wird dieser Schritt in der Regel nicht regelmäßig vollzogen, sondern auf Indikatoren und Kennzahlen, wie z. B. Service- oder Anbieterleistung, zurückgeführt (Teuteberg 2015).

7.3   Anwendbare Standards, Frameworks und Best Practices

Um entsprechende IT-sicherheitsbezogene Risiken und Kontrollen zu identifizieren, sollten für den jeweiligen Anwendungsfall relevante Standards, Frameworks und Best Practices herangezogen werden. Der Fokus sollte dabei auf die Umsetzung der Anforderungen maßgeblicher Regulatorien, wie in diesem Fall das IT-SiG, gesetzt werden. Nachfolgend sind einige mögliche Standards, Frameworks und Best Practices aufgeführt. Darüber hinaus existieren noch zahlreiche weitere, wie bspw. COBIT oder diverse Zertifizierungen wie das EuroCloud StarAudit, deren Eignung bzw. Anwendbarkeit im Einzelfall überprüft werden sollte (Adelmeyer et al. 2017).

BSI Publikationen
Seitens des BSI existiert eine Vielzahl an Publikationen mit potenzieller Relevanz für den Einsatz von Cloud-Services in KRITIS. Als elementarste können die BSI IT-Grundschutz-Standards genannt werden, die grundlegende Empfehlungen zu Methoden, Prozessen und Verfahren sowie Vorgehensweisen und Maßnahmen im Rahmen der Informationssicherheit beinhalten. Konkrete Empfehlungen zur Wahrung der Informationssicherheit im Cloud Computing, insbesondere für Cloud-Dienstleister, beinhaltet das Eckpunktepapier des BSI zu Sicherheitsempfehlungen für Cloud Computing Anbieter (BSI 2012). Mit dem Anforderungskatalog Cloud Computing C5 (BSI 2017) konkretisiert das BSI in 17 Anforderungsbereichen Basisanforderungen, die von Cloud-Dienstleistern als auch Nutzern herangezogen werden können, um die Informationssicherheit von Cloud-Services sicherzustellen bzw. zu beurteilen.

ISO/IEC 27001 in Verbindung mit ISO/IEC 27017 und ISO/IEC 27005
Bei der ISO 27000-Familie handelt es sich um eine Reihe von Leitlinien und Standards, die von der Internationalen Organisation für Normung (ISO) zur Erhöhung der IT-Sicherheit entwickelt wurden. ISO 27001 thematisiert Anforderungen an ein unternehmensinternes Informationssicherheitsmanagementsystem (ISMS), welches auch für KRITIS als maßgeblich angesehen wird. ISO 27005 enthält weiterführend Leitlinien für ein systematisches und prozessorientiertes Risikomanagement, das zur Einhaltung der Anforderungen des Risikomanagements nach ISO 27001 herangezogen werden kann. ISO 27017 stellt eine explizite Leitlinie für die IT-Sicherheit von Cloud-Services dar. Hierbei werden unter anderem Cloud-spezifische Empfehlungen und Kontrollen für die

IT-Sicherheit, Virtualisierung, administrative Fragestellungen und die Verantwortlichkeiten der Cloud-Anbieter als auch der Nutzer definiert.

UP KRITIS Best Practices für Lieferanten
Die Best Practices für Lieferanten des UP KRITIS beinhalten Empfehlungen für Betreiber Kritischer Infrastrukturen, welche Sicherheitsanforderungen mit ihren Lieferanten, Herstellern und Dienstleistern (vertraglich) vereinbart werden sollten (UP KRITIS 2017). Ferner soll das Dokument Lieferanten, Herstellern und Dienstleistern aufzeigen, welche Anforderungen sie bei der Erbringung von Dienstleistungen für die Betreiber Kritischer Infrastrukturen anbieten bzw. berücksichtigen sollten. Dazu werden verschiedene Anwendungsbereiche, wie bspw. Systemhärtung, Kryptografie, Dokumentation oder Anforderungen an IT-Dienstleister (u. a. ISMS, Zugriffsschutz und Berechtigungsvergabe), definiert.

CSA Cloud Controls Matrix
Die Cloud Controls Matrix (CCM) der Cloud Security Alliance (CSA) stellt grundlegende Sicherheitsgrundsätze für Cloud-Anbieter bereit und kann von Cloud-Service-Nutzern unterstützend bei der Bewertung des allgemeinen Sicherheitsrisikos des Anbieters herangezogen werden. Die CSA CCM ist in 13 Domänen aufgeteilt und basiert auf branchenweit akzeptierten Sicherheitsstandards und Frameworks, wie bspw. ISO 27001/27002, COBIT, PCI oder des NIST. Das Kontrollframework kann von Organisationen zur Festlegung der notwendigen Struktur aber auch von konkreten Kontrollen in Bezug auf die Informationssicherheit von Cloud-Services und somit für ein standardisiertes Sicherheits- und operationales Risikomanagement herangezogen werden.

TeleTrusT Handreichung zum „Stand der Technik" im Sinne des IT-Sicherheitsgesetzes (IT-SiG)
Die Handreichung des TeleTrusT beschreibt Handlungsempfehlungen zu konkreten Maßnahmen im Sinne des im IT-Sicherheitsgesetz geforderten „Stands der Technik". Das Dokument ist dabei als Orientierungshilfe zu verstehen, die bei der Auswahl notwendiger Schutzmaßnahmen assistiert, um dem „Stand der Technik" zu entsprechen. Ferner muss berücksichtigt werden, ob konkrete Maßnahmen wirtschaftlich sinnvoll sind, was wiederum durch eine individuelle Betrachtung des eigenen Schutzbedarfes sowie der damit verbundenen Kosten zur Umsetzung erforderlicher Maßnahmen festgestellt werden kann (TeleTrusT 2016). In diesem Rahmen werden bspw. Elemente einer sicheren Vernetzung und Zugängen, Systemhärtung oder Verschlüsselung, aber auch deren Dokumentation adressiert.

Beim IT-Risikomanagement von Cloud-Services im Kontext des IT-SiG sind wiederum verschiedene Perspektiven zu unterscheiden. So kann ein KRITIS-Betreiber Prozesse und Funktionen an einen Cloud-Dienstleister auslagern (Abschn. 8.1) oder selbst eine Cloud betreiben (Abschn. 8.2). Zudem wird die Sicht eines Cloud-Betreibers als Dienstleister von KRITIS skizziert (Abschn. 8.3).

8.1 KRITIS-Betreiber lagert an einen Cloud-Dienstleister aus

Bei der Auslagerung von für die Funktion der Kritischen Infrastruktur maßgeblichen Systemen oder Prozessen in eine Cloud, wie bspw. Rechenzentrums- oder gar IT-Sicherheitsfunktionen, entstehen Risiken im Kontext des IT-SiG. Diese sind in das IT-Risikomanagement im Rahmen des Outsourcings zu integrieren und entsprechend beim Anbieter zu überwachen. Kategorisieren lassen sich diese Risiken grundsätzlich in die Bereiche „Vertrag", „eigenes Unternehmen" und „Anbieter" (Knoll 2014). Bei der Umsetzung der Anforderungen des IT-SiG kommt insbesondere den Bereichen „Vertrag" und „Anbieter" eine gehobene Bedeutung zu. Die Erfüllung der Anforderungen des IT-SiG durch den Dienstleister (Tab. 6.1, insb. Nr. 1.1, 1.2 und 1.3) sollte vertraglich festgelegt werden. Als Orientierung können die Best Practices des UP KRITIS (UP KRITIS 2017) oder die TeleTrusT Handreichung zum geforderten Stand der Technik (TeleTrusT 2016) dienen.

Da der KRITIS-Betreiber im Falle von Verstößen gegen das IT-SiG primär verantwortlich bleibt, ist eine Überwachung der IT-Risiken beim Dienstleister erforderlich. Dies ist anhand vertraglich fixierter Service Level Agreements (SLAs), entsprechender Key Performance Indicators (KPIs) oder Kontroll-

© Springer Fachmedien Wiesbaden GmbH, ein Teil von Springer Nature 2018
M. Adelmeyer et al., *IT-Risikomanagement von Cloud-Services in Kritischen Infrastrukturen*, essentials, https://doi.org/10.1007/978-3-658-22742-5_8

bzw. Prüfrechte möglich, bspw. auf Basis bestehender Standards (Königs 2017, Knoll 2014). Nach Einschätzung der Experten kann ISO 27001 als maßgeblich für die Umsetzung der Anforderungen des IT-SiG bzw. der B3S gesehen werden (Tab. 6.1, Nr. 1.4 und 1.8). Eine Zertifizierung nach ISO 27001, idealerweise unter Berücksichtigung von ISO 27017, welcher Kontrollen zur Informationssicherheit von Cloud-Services beschreibt oder den IT-Grundschutz-Standards des BSI, kann daher als Indikator für die Informationssicherheit bei Cloud-Dienstleistern gesehen werden. Dennoch sollten bei Vorliegen einer Zertifizierung zwingend der Scope sowie die zugrundeliegenden Kriterien überprüft werden, um eine ausreichende Abdeckung interner und regulatorischer IT-Sicherheitsvorgaben und -kriterien sicherzustellen. Als Grundlage der Prüfung von Cloud-Services können zudem die Kriterien des „Anforderungskatalogs Cloud Computing (C5)" des BSI herangezogen werden (BSI 2017).

Der über alle Phasen des Cloud-Lebenszyklus auszugestaltende Risikomanagement-Prozess (vgl. Abb. 7.1) kann bspw. anhand eines IT-Sicherheitskonzepts umgesetzt werden, welches auf den standardisierten Risikomanagement-Prozess abgestimmt wird und sich auf die in der Cloud realisierten Services bezieht (Königs 2017). Das initiale Sicherheitskonzept enthält dabei ein Risiko-Assessment, welches für die Evaluation maßgeblich ist. Zudem dient es der Dokumentation der Risiken, Maßnahmen, der Umsetzungsplanung sowie der Restrisiken der Realisierung mit dem gewählten Cloud-Dienstleister. Das Sicherheitskonzept eignet sich somit sowohl für die Abstimmung mit dem Dienstleister als auch zu dessen Kontrolle und Überwachung (Königs 2017).

8.2   KRITIS-Betreiber ist Cloud-Betreiber

Ist der Cloud-Betreiber selbst als KRITIS klassifiziert, ist der Aufbau eines ISMS notwendig, z. B. nach ISO 27001 (Tab. 6.1, Nr. 1.8). Entsprechende im Rahmen des IT-SiG potentiell für den Anwendungsfall der Cloud relevante Risiken können dabei anhand bestehender Publikationen wie der Cloud Controls Matrix der Cloud Security Alliance oder den BSI-Sicherheitsempfehlungen für Cloud Computing Anbieter identifiziert werden (BSI 2012). Das unternehmensinterne IT-Risikomanagement muss in diesem Kontext die Risiken beurteilen und überwachen. Eine Herausforderung ist der Aufbau und die Integration des Meldewesens. Interne Stellen und Strukturen, wie das IT-Risikomanagement oder das ISMS, müssen in Zusammenarbeit potenziell meldungspflichtige Vorfälle identifizieren, kategorisieren und bewerten. Unabhängig vom Bereitstellungsmodell der Cloud (Private oder Public), ist diese auf Basis der aufgeführten gängigen

Standards, Frameworks und Best Practices sowie den entsprechenden den KRITIS-Betreiber (bzw. seine Kunden) betreffenden etwaigen B3S zu betreiben und in das IT-Risikomanagement des Unternehmens zu integrieren. Bei einer Bereitstellung der Cloud-Services für Dritte ist zu beachten, dass der KRITIS-Betreiber möglicherweise als „Anbieter digitaler Dienste" im Sinne des § 8c BSIG agiert.

8.3 Cloud-Betreiber ist Dienstleister von Kritischen Infrastrukturen

Aus Sicht eines Cloud-Dienstleisters von KRITIS ergibt sich bei Störungen oder Ausfällen der erbrachten Services die Notwendigkeit, diese unverzüglich an den KRITIS-Betreiber zu melden. Je nach Ausgestaltung des Vertrags ist es nach Einschätzung der Experten denkbar, dass der Cloud-Dienstleister entweder zunächst an den KRITIS-Betreiber oder aber direkt in dessen Namen an das BSI berichtet, sofern die Meldestelle des KRITIS-Betreibers vertraglich an den Dienstleister ausgelagert wurde. In jedem Falle müssen die Erreichbarkeit und die Funktionsfähigkeit der Kommunikationsstrukturen beim Dienstleister sowie KRITIS-Betreiber sichergestellt werden, wozu ggf. entsprechende Fachkräfte akquiriert werden müssen (Tab. 6.1, Nr. 1.7 und Nr. 1.17). Darüber hinaus muss eine Einhaltung etwaiger B3S durch den Dienstleister sichergestellt werden, sofern ein Kunde davon betroffen ist (Tab. 6.1, Nr. 2.5). Es ist daher für Cloud-Dienstleister von Vorteil, den Kundenstamm nach Unternehmen, die potentiell vom IT-SiG betroffen sind, zu analysieren (Tab. 6.1, Nr. 2.4). Zudem sollten die Anforderungen des IT-SiG im eigenen Unternehmen thematisiert, in das IT-Risikomanagement integriert und dokumentiert (Tab. 6.1, Nr. 2.3) werden. Hierbei kann eine Zertifizierung auf Basis von ISO 27001 (ggf. in Verbindung mit ISO 27017) helfen, angemessen sichere Lösungen für die Anforderungen von KRITIS umzusetzen (Königs 2017). So entstehen für Cloud-Dienstleister Wettbewerbsvorteile, da KRITIS zukünftig verstärkt auf anerkannte und gültige Zertifikate bzw. Nachweise achten werden.

Zur Erfüllung seiner Aufgaben kann das BSI ferner „auf dem Markt bereitgestellte oder zur Bereitstellung auf dem Markt vorgesehene informationstechnische Produkte und Systeme untersuchen" (§ 7a Abs. 1 BSIG) (Tab. 6.1, Nr. 2.1). Da hierunter auch Systeme bzw. Produkte von Cloud-Dienstleistern fallen (insb. SaaS), sind entsprechende Überprüfungen der Cloud-Services durch das BSI zu erwarten und entsprechend vorzubereiten. Ferner sind ggf. die Anforderungen an „Anbieter digitaler Dienste" nach § 8c BSIG durch Cloud-Dienstleister zu berücksichtigen und entsprechend umzusetzen.

Handlungsempfehlungen für KRITIS und Cloud-Betreiber

Auf Basis der Anforderungsanalyse des IT-Sicherheitsgesetzes sowie den Experteninterviews wurden zudem Handlungsempfehlungen für KRITIS sowie Cloud-Betreiber abgeleitet.

9.1 KRITIS-Betreiber

KRITIS-Betreiber, die ein für den Betrieb der Infrastruktur notwendiges System in eine Cloud ausgelagert haben oder dies planen, sollten diverse Maßnahmen umsetzen, ggf. in Zusammenarbeit mit dem Dienstleister:

- **Analyse bestehender Outsourcings:** Bestehende Cloud-Services sollten dahingehend überprüft werden, ob eine Störung der ausgelagerten Systeme den Betrieb der Kritischen Infrastruktur maßgeblich gefährden kann. Zudem müssen der Dienstleister, das Vertragswerk oder evtl. bestehende Zertifizierungen hinsichtlich der Anforderungen des IT-SiG, bspw. an ein ISMS oder Incident Management, überprüft werden.
- **Auswahl und Bewertung der Dienstleister:** Als Fokus bei der Auswahl von Cloud-Dienstleistern sollten die Kriterien einbezogen werden, die sich aus dem IT-SiG ergeben. KRITIS-Betreiber können sich dabei an Zertifikaten der Cloud-Dienstleister (bspw. ISO 27001) orientieren.
- **Vertragsgestaltung mit dem Cloud-Dienstleister:** Über die vertragliche Gestaltung lassen sich interne als auch sich durch das IT-SiG ergebende Anforderungen an den Cloud-Dienstleister übertragen und bspw. auf Basis der Best Practices des UP KRITIS fixieren (UP KRITIS 2017).

© Springer Fachmedien Wiesbaden GmbH, ein Teil von Springer Nature 2018 29
M. Adelmeyer et al., *IT-Risikomanagement von Cloud-Services in Kritischen Infrastrukturen*, essentials, https://doi.org/10.1007/978-3-658-22742-5_9

- **Prüfrecht und Audits:** Von den regelmäßigen Audits und Überprüfungen des KRITIS-Betreibers, die durch das IT-SiG diktiert sind, sind Cloud-Dienstleister ebenfalls mittelbar betroffen. Ein entsprechendes Prüfrecht des KRITIS-Betreibers beim Dienstleister oder alternative Nachweise über die Einhaltung der Anforderungen des IT-SiG sollten vertraglich fixiert werden.
- **Koordination von meldepflichtigen Vorfällen:** Hinsichtlich der Meldepflicht müssen klare Strukturen und Prozesse mit Cloud-Dienstleistern entworfen und implementiert werden. Störfälle beim Dienstleister müssen von diesem analysiert und zeitgerecht gemeldet werden, entweder an den KRITIS-Betreiber selbst oder direkt an das BSI.
- **Kooperation und Kommunikation:** Insbesondere die Aufrechterhaltung des „Stands der Technik" macht eine regelmäßige Kommunikation mit dem Cloud-Dienstleister über mögliche Risiken oder neue Anforderungen notwendig.
- **Ausfallbedingte Kosten:** Ermittlung der ausfallbedingten Kosten, sofern bestimmte Cloud-Dienste nicht mehr zur Verfügung stehen.

9.2   Cloud-Betreiber

Unabhängig von der Rolle des Cloud-Betreibers als Dienstleister oder selbst als KRITIS-Betreiber gelten nachstehende Handlungsempfehlungen:

- **Klassifikation bzw. Kundenstammanalyse:** Sollte die Dienstleistung des Cloud-Betreibers selbst als kritisch im Sinne des IT-SiG anzusehen sein, so ist die Klassifikation anhand der vom BSI festgelegten Schwellenwerte (vgl. Abschn. 5.1) durchzuführen. Cloud-Dienstleister sollten proaktiv klären, ob KRITIS-Betreiber im Kundenstamm vorhanden sind und ob die Auslagerungen zentrale Systeme oder Funktionen des jeweiligen Kunden betreffen (Tab. 6.1, Nr. 2.4).
- **Analyse bestehender Maßnahmen und des IT-Sicherheitsmanagements:** Als Basis des IT-SiG ist ISO 27001 maßgeblich. Die im Unternehmen getroffenen Maßnahmen und Kontrollmechanismen im Rahmen der IT-Sicherheit sollten daher auf Basis von ISO 27001 bzw. entsprechender Detaillierungen wie ISO 27017 und ISO 27005 zum Management von Informationssicherheitsrisiken, den Katalogen des BSI oder der TeleTrusT Handreichung zum Stand der Technik evaluiert und entsprechende Vorkehrungen getroffen sowie Risiken identifiziert werden (BSI 2012; BSI 2017; TeleTrusT 2016). Hierbei sollten auch die Anforderungen aus § 8c BSIG berücksichtigt werden.

- **Personal:** Bezogen auf die regelmäßigen Audits und das interne Risiko-management gilt es Verantwortlichkeiten und Personal aufzubauen. Zudem muss im Rahmen der Meldepflicht qualifiziertes Personal für die Bewertung der Kritikalität und der Meldung von Vorfällen herangezogen werden.
- **Meldestruktur und Incident Management:** Zur Meldung bzw. Eskalation relevanter Vorfälle müssen Verantwortlichkeiten und Prozesse geschaffen werden.
- **Dienstlokalisierung:** Durch gesetzliche Vorgaben wie dem IT-SiG steigt der Kontrollbedarf über den Speicherort und die Verarbeitung von Daten für KRITIS-Betreiber. Durch inländisch betriebene Cloud-Services kann die Compliance mit den jeweiligen rechtlichen Vorgaben transparent sichergestellt werden (Wagner et al. 2015).

Fazit und Ausblick 10

Vor dem Hintergrund des stark wachsenden Cloud-Marktes und der Digitalisierung werden Cloud-Services zukünftig eine gewichtige Rolle bei der Einhaltung von IT-Sicherheitsfragen spielen. Die Ressourcenbündelung und Vernetzung von Clouds führt zu Herausforderungen für das IT-Risikomanagement, insbesondere im Kontext der IT-Sicherheit und damit für Betreiber Kritischer Infrastrukturen (Ackermann 2013; Adelmeyer und Teuteberg 2018). Sofern KRITIS-Betreiber für ihre Funktion maßgebliche Systeme oder Prozesse in eine Cloud auslagern, verbleibt die Verantwortung der Einhaltung der Anforderungen des IT-Sicherheitsgesetztes beim auslagernden Unternehmen. Dieses muss Cloud-Dienstleister folglich zur Einhaltung von IT-Sicherheitsstandards verpflichten, bspw. durch eine entsprechende Vertragsgestaltung und die Definition und Überwachung von KPIs, SLAs oder über Prüfrechte und Zertifikate. Insbesondere bei Zertifikaten und externen Nachweisen sollte jedoch der Scope dieser genau analysiert werden, um das IT-Risikomanagement entsprechend ausgestalten zu können. Die vertraglichen Regelungen spielen bei der Übertragung der Anforderungen des IT-SiG an KRITIS auf den Cloud-Dienstleister eine wichtige Rolle. Eine Herausforderung für Wissenschaft und Praxis wird sein, Entwicklungen im Zuge der Digitalisierung der Gesellschaft und Industrie 4.0 beim Schutz Kritischer Infrastrukturen entsprechend zu integrieren. Der vorliegende Anforderungskatalog sowie das Framework zum IT-Risikomanagement von Cloud-Services in Kritischen Infrastrukturen können in diesem Kontext als Basis zur konkreten Umsetzung eines IT-Sicherheits- bzw. Risikomanagements von Cloud-Services dienen.

© Springer Fachmedien Wiesbaden GmbH, ein Teil von Springer Nature 2018   33
M. Adelmeyer et al., *IT-Risikomanagement von Cloud-Services in Kritischen Infrastrukturen*, essentials, https://doi.org/10.1007/978-3-658-22742-5_10

Was Sie aus diesem *essential* mitnehmen können

- Eine Einführung in das Cloud Computing und das IT-Sicherheitsgesetz
- Einen Anforderungskatalog für Cloud-Services zur Sicherstellung der Compliance mit dem IT-Sicherheitsgesetz
- Grundlagen des Risikomanagements von Cloud-Services vor dem Hintergrund des IT-Sicherheitsgesetzes
- Bewertung von Szenarien und Rollen von Cloud-Services im Kontext Kritischer Infrastrukturen
- Handlungsempfehlungen für Cloud-Nutzer und Cloud-Dienstleister

© Springer Fachmedien Wiesbaden GmbH, ein Teil von Springer Nature 2018   35
M. Adelmeyer et al., *IT-Risikomanagement von Cloud-Services in Kritischen Infrastrukturen*, essentials, https://doi.org/10.1007/978-3-658-22742-5

Literatur

Ackermann T (2013) IT security risk management – Perceived IT security risks in the context of Cloud Computing. Springer Gabler, Wiesbaden

Adelmeyer M, Teuteberg F (2018) Cloud Computing adoption in critical infrastructures – Status quo and elements of a research agenda. In: Drews P, Funk B, Niemeyer P, Xie L (Hrsg) Proceedings zur Multikonferenz Wirtschaftsinformatik (MKWI) 2018, Leuphana Universität Lüneburg, Lüneburg, 6.–9. März 2018, S 1345–1356. ISBN 978-3-935786-72-0

Adelmeyer M, Walterbusch M, Lang J, Teuteberg F (2017) Datenschutz und Datensicherheit im Cloud Computing. Die Wirtschaftsprüfung (WPg) 1:35–42

BMI (2016) Verordnung zur Bestimmung Kritischer Infrastrukturen nach dem BSI-Gesetz (BSI-Kritisverordnung – BSI-KritisV). http://www.bmi.bund.de/SharedDocs/downloads/DE/veroeffentlichungen/2016/kritis-vo.pdf. Zugegriffen: 8. Mai 2018

BSI (2012) Eckpunktepapier Sicherheitsempfehlungen für Cloud Computing Anbieter. Bundesamt für Sicherheit in der Informationstechnik (Hrsg), Bonn

BSI (2017) Anforderungskatalog Cloud Computing (C5) – Kriterien zur Beurteilung der Informationssicherheit von Cloud-Diensten. Bundesamt für Sicherheit in der Informationstechnik (Hrsg), Bonn

Eckert C (2018) IT-Sicherheit: Konzepte-Verfahren-Protokolle. De Gruyter Oldenbourg, München

Europäische Union (2016) Richtlinie (EU) 2016/1148 des Europäischen Parlaments und des Rates vom 6. Juli 2016 über Maßnahmen zur Gewährleistung eines hohen gemeinsamen Sicherheitsniveaus von Netz- und Informationssystemen in der Union

Goldshteyn M, Adelmeyer M (2015) Die Auswirkungen des IT-Sicherheitsgesetzes auf die Interne Revision. Zeitschrift Interne Revision 6:244–255

Grudzien W (2016) IT-Sicherheitsgesetz – Gedanken zur Implementierung. Datenschutz und Datensicherheit 1:29–33

Klipper S (2015) Information security risk management – Risikomanagement mit ISO/IEC 27001, 27005 und 31010. Springer Vieweg, Wiesbaden

Knoll M (2014) Praxisorientiertes IT-Risikomanagement: Konzeption, Implementierung und Überprüfung. dpunkt, Heidelberg

Königs H-P (2017) IT-Risikomanagement mit System. Springer Vieweg, Wiesbaden

Mell P, Grance T (2011) The NIST definition of Cloud Computing. NIST Special Publication, Gaithersburg

© Springer Fachmedien Wiesbaden GmbH, ein Teil von Springer Nature 2018   37
M. Adelmeyer et al., *IT-Risikomanagement von Cloud-Services in Kritischen Infrastrukturen,* essentials, https://doi.org/10.1007/978-3-658-22742-5

Pearson S (2013) Privacy, security and trust in Cloud Computing. In: Pearson S, Yee G (Hrsg) Privacy and security for cloud computing. Springer, London, S 3–42

TeleTrusT (2016) Handreichung zum „Stand der Technik" im Sinne des IT-Sicherheitsgesetzes (ITSiG). TeleTrusT – Bundesverband IT-Sicherheit e. V. (Hrsg), Berlin

Teuteberg F (2015) Kennzahlengestütztes Risikomanagement zum Monitoring von IT-Outsourcing-Aktivitäten am Beispiel des Cloud Computing. Controlling – Zeitschrift für erfolgsorientierte Unternehmenssteuerung 27:290–299

UP KRITIS (2017) Best-Practice-Empfehlungen für Anforderungen an Lieferanten zur Gewährleistung der Informationssicherheit in Kritischen Infrastrukturen. http://www.kritis.bund.de/SharedDocs/Downloads/Kritis/DE/Anforderungen_an_Lieferanten.pdf. Zugegriffen: 8. Mai 2018

Wagner C, Hudic A, Maksuti S, et al (2015) Impact of critical infrastructure requirements on service migration guidelines to the cloud. In: Proceedings of the 3rd International Conference on Future Internet of Things and Cloud, Rom